깊은 기도는 내면의 성소에서

하나님의 임재를 경험하게 합니다.

하나님을 더욱 깊이 알고 경험하길 소원하는

_____ 님께 드립니다.

너는 내게 부르짖으라 내가 네게 응답하겠고
네가 알지 못하는 크고 은밀한 일을 네게 보이리라

_예레미야 33:3

Call to me and I will answer you

and tell you great and unsearchable things you do not know.

_Jeremiah 33:3

깊은
기도를
위한

기도 노트

강준민 지음

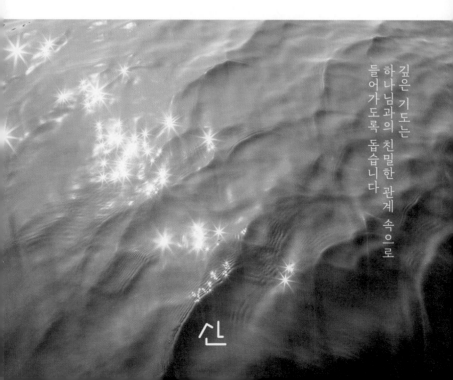

깊은 기도는
하나님과의 친밀한 관계 속으로
들어가도록 돕습니다

신

서문

저는 예수님을 만난 후에 기도를 배웠습니다. 무릎을 꿇고 기도하는 것을 배웠습니다. 저는 날마다 교회에 나가 무릎을 꿇고 기도했습니다. 매일 새벽 무릎을 꿇고 하나님께 기도했습니다. 기도를 배우는 중에 기도 노트에 기도 제목을 기록해서 기도하는 법을 배웠습니다. 기도 노트에 평생의 기도 제목, 10년의 기도 제목, 5년의 기도 제목, 1년의 기도 제목을 쓰고 기도했습니다. 세월이 흘러 돌이켜 보니, 하나님은 어린 소년이 무릎을 꿇고 했던 기도에 응답해 주셨습니다. 제가 했던 기도보다 더 많이 응답해 주셨습니다. 하나님은 "우리가 구하거나 생각하는 모든 것에 더 넘치도록"(에베소서 3:20) 응답해 주시는 분입니다.

기도 제목을 구체적으로 쓰고 기도하는 것은 신비로운 경험입니다. 쓴다는 것은 깊이 생각하는 것입니다. 쓴다는 것은 생각을 명료하게 하는 것입니다. 쓴다는 것은 기억하는 것입니다. 기억하기 위해서는 기록해야 합니다. 기도 노트에 기록했던 기도 제목은 하나님이 저의 가슴에 품게 해주신 꿈이었습니다. 소원이었습니다. 구체적인 목표였습니다. 제가 기도 제목을 글로 쓰는 것을 소중히 여기는 까닭은 저의 기도 제목이 곧 제 삶의 목표가 되었기 때문입니다. 더욱 중요한 것은 기도 제목을 구체적으로 기록하고 기도할 때 하나님의 기도 응답을 확인할 수가 있다는 것입니다. 애매하게 기도하면 우리의 기도가 응답이 되었는지 잘 모릅니다. 하지만 구체적으로 기도하면 우리의 기도가 응답되었을 때 분명하게 알 수 있습니다. 우리는 기도 응답을 받을 때 기쁨이 충만해집니다. "지금까지는 너희가 내 이름으로 아무 것도 구하지 아니하였으나 구하라 그리하면 받으리니 너희 기쁨이 충만하리라"(요한복음 16:24). 우리는 기도 응답을 통해 하나님께 영광을 돌릴 수 있습니다. "너희가 내 이름으로 무엇을 구하든지 내가 행하리니 이는 아버지로 하여금 아들로 말미암아 영광을 받으시게 하려 함이라"(요한복음 14:13).

저는 지금 기도 노트에 기도 제목을 구체적으로 쓰는 것의 마법에 대해 말하는 것이 아닙니다. 기도 제목을 쓰는 것이 얼마나 소중한 것인지에 대해 말하는 것입니다. 생각하는 것을 말하고, 말하는 것을 글로 쓰는 과정은 결코 쉬운 과정이 아닙니다. 그런 까닭에 많은 사람들이 생각하는 것을 회피합니다. 또한 글 쓰는 것을 회피합니다. 하지만 기도 노트를 쓰게 되면 생각이 깊어지고 명료해집니다.

마음에 구체적인 비전을 품게 됩니다. 구체적인 목표와 계획을 세우게 됩니다. 그런 과정에서 하나님께서 우리에게 주신 꿈과 소원이 성취되는 것을 경험하게 됩니다.

기도 노트를 기록하는 것은 기도 제목만 기록하는 것이 아닙니다. 우리가 하나님께 올려 드리는 '기도문'을 기록하는 것입니다. 우리가 드리는 기도 속에는 찬양과 회개와 감사와 간구가 담겨 있습니다. 기도문을 기록할 때 우리는 하나님의 약속의 말씀을 따라 쓸 수도 있습니다. 그때 더욱 하나님이 기뻐하시는 기도를 드릴 수 있습니다. 가장 좋은 기도는 약속의 말씀을 붙잡고 기도하는 것입니다. "너희가 내 안에 거하고 내 말이 너희 안에 거하면 무엇이든지 원하는 대로 구하라 그리하면 이루리라"(요한복음 15:7).
영성가들은 기도를 글로 써서 하나님께 드렸습니다. 그 기도문이 책이 되어 오늘날 우리에게 전수되고 있습니다. 시편 속에는 많은 기도문이 담겨 있습니다. 우리는 시편의 기도를 통해 우리가 하나님께 드릴 기도문의 좋은 모범을 배우게 됩니다. 기도문을 쓰는 중에 우리는 하나님께 더욱 친밀한 기도를 드릴 수 있습니다. 솔직한 죄의 고백을 드릴 수 있습니다. 구체적으로 하나님을 찬양하며 하나님께 감사할 수 있습니다. 기도문을 통해 하나님께 사랑을 고백할 수 있습니다.

기도문을 쓸 때 도구가 중요합니다. 기도문을 지속적으로 쓸 수 있는 도구가 있으면 기도문을 쓰는 것이 조금 더 쉬워집니다. 기도 노트는 기도문을 지속적으로 쓸 수 있는 좋은 도구입니다. 또한 기도문을 보존할 수 있는 좋은 도구입니다. 하나님과 나눈 대화를 기록한다는 것은 소중합니다. 그것은 하나님과 친밀한 교제를 나누는 중에 비밀을 간직하는 것과 같습니다. 친밀함은 비밀을 서로 나누는 중에 깊어집니다. 제 경우, 기도문을 쓸 때 하나님 앞에 더욱 솔직해 짐을 경험했습니다. 가면을 벗고 하나님 앞에 솔직하게 저의 죄와 허물을 고백할 때 영혼이 정화되는 경험을 했습니다.

우리는 하루 동안 수많은 SNS를 주고받습니다. 저도 마찬가지입니다. SNS를 주고받는 중에 저는 많은 분들을 격려하고 기도해 드립니다. 사람들과 SNS를 주고받는 중에 저는 가끔 하나님께는 왜

SNS를 드리지 못했는지를 생각할 때가 있습니다. 기도 노트는 하나님께 보내는 SNS 메시지입니다.

또한 기도 노트가 도움이 되는 것은, 기도 노트가 우리 매일매일의 삶의 기록이 될 수 있기 때문입니다. 기도 노트는 영성 일기가 되고, 감사 노트가 됩니다. 그래서 기도 노트를 쓰는 것이 중요합니다. 기도 노트를 쓰는 것은 거룩한 습관입니다. 처음에는 어렵지만 반복하게 되면 점점 익숙해지면서 거룩한 습관이 형성됩니다.

기도 노트를 제작하는 데 성심을 다해 주신 조현영 대표님에게 깊이 감사드립니다. 기도 노트를 사용하는 분들이 하나님과 더욱 친밀한 기도를 드리길 소원합니다. 또한 구체적인 기도 응답의 기쁨을 누리시길 소원합니다. 기도 노트를 통해 하나님의 음성을 듣고 하나님의 인도를 받으시길 소원합니다. 우리의 기도에 귀를 기울이시고 응답해 주시는 하나님께 모든 영광을 올려 드립니다.

로스앤젤레스에서 강준민 드림

이 책의 활용법

『깊은 기도의 영성』(강준민 저)과 함께 활용하시면 좋습니다.
매일 깊은 기도의 세계로 한걸음씩 나아가는 당신을 응원합니다!

기도한 날짜와 응답받은 날짜를 적습니다.

기도 제목(기도문)을 최대한 구체이고 솔직하게 적은 후, 매일매일 하나님께 간절히 기도합니다.

하나님께 받은 기도 응답을 구체적으로 적습니다. 때론 우리의 원함대로, 때론 우리의 원함과 다른 응답이 있을 것입니다. 그러나 세월이 흘러감에 따라 우리 삶에 최고의 것으로 응답해 주신 하나님을 발견하게 되고 감사하게 될 것입니다. 기도 응답은 우리의 삶이 그분의 이끄심에 따라 어떻게 흘러가는지를 보여주는 중요한 기록입니다.

기도 제목 Prayer title   DATE! 년 월 일

기도 응답 Prayer response   DATE! 년 월 일

<u>01</u>

하나님의 은혜는 풍성합니다(에베소서 1:7). 하나님의 은혜는 풍성한 정도가 아니라 지극히 풍성합니다(에베소서 2:7). 하나님의 은혜는 영광스럽습니다(에베소서 1:6). 하나님의 은혜는 그리스도 안에 충만합니다(요한복음 1:14). 하나님의 은혜 가운데 깊은 은혜가 있습니다. 우리는 날마다 하나님의 깊은 은혜를 경험하기 원합니다.

저자의 글은 당신이 깊은 기도의 세계로 가는데 좋은 길잡이가 되어줄 겁니다.

깊은 기도를 위한 나의 _____번째 기도 노트

Date _____

Name _____

_____

_____

_____

_____

_____

_____

_____

_____

_____

_____

_____

_____

01

하나님의 은혜는 풍성합니다(에베소서 1:7). 하나님의 은혜는 풍성한 정도가 아니라 지극히 풍성합니다(에베소서 2:7). 하나님의 은혜는 영광스럽습니다(에베소서 1:6). 하나님의 은혜는 그리스도 안에 충만합니다(요한복음 1:14). 하나님의 은혜 가운데 깊은 은혜가 있습니다. 우리는 날마다 하나님의 깊은 은혜를 경험하기 원합니다.

02

베드로는 고기 잡는 일에 전문가입니다. 하지만 예수님의 말씀에 순종합니다. 이처럼 깊은 세계로 들어가는 길은 '순종'에 있습니다. 이해가 되지 않아도 순종하는 것입니다. 깊은 세계가 있다고 말씀하시는 예수님의 말씀에 순종하는 것입니다. 베드로가 예수님의 말씀에 순종했을 때 그물이 찢어질 정도로 많은 고기를 잡았습니다.

_____

_____

_____

_____

_____

_____

_____

_____

_____

_____

_____

_____

_____

03

시편 46편은 우리를 깊은 기도의 세계로 초청합니다. "이르시기를 너희는 가만히 있어 내가 하나님 됨을 알지어다 내가 뭇 나라 중에서 높임을 받으리라 내가 세계 중에서 높임을 받으리라 하시도다"(시편 46:10). 하나님은 우리에게 가만히 있으라고 말씀합니다. 잠잠하라고 말씀합니다. 침묵하라고 말씀합니다.

04

기도의 세계는 신비의 세계입니다. 우리가 알고 경험한 것처럼 기도의 세계는 다양합니다. 가장 단순한 기도의 정의는 '구하는 것'입니다. '간구하는 것'입니다. 또한 '중보 하는 것'입니다. 하나님은 우리에게 부르짖어 기도하라고 말씀합니다. "너는 내게 부르짖으라 내가 네게 응답하겠고 네가 알지 못하는 크고 은밀한 일을 네게 보이리라"(예레미야 33:3).

05

우리는 성경에서 부르짖어 기도한 사람들을 많이 만납니다. 모세가 부르짖어 기도했습니다(민수기 12:13). 엘리야가 부르짖어 기도했습니다(열왕기상 17:21). 다윗도 부르짖어 기도했습니다(시편 22:5). 하지만 부르짖는 기도만 있는 것이 아닙니다. 애통하는 기도, 탄원하는 기도, 눈물의 기도, 감사의 기도, 도고의 기도 등 다양한 기도가 있습니다.

_____

_____

_____

_____

_____

_____

_____

_____

_____

_____

_____

06

깊은 기도의 세계로 들어갈 때 중요한 것이 있습니다. 그것은 우리가 알고 경험한 것보다 더 깊은 세계가 있다는 것을 믿는 것입니다. 또한 그런 깊은 세계를 이미 경험한 분들이 있다는 것을 인정하는 것입니다. 깊은 기도의 세계는 하나님과의 관계와 다른 사람들과의 관계, 그리고 자연과의 관계를 더욱 아름답게 만들어줄 것입니다.

07

성전 안에는 성소와 지성소가 있습니다. 지성소는 깊은 곳입니다. 아무나 들어갈 수 없습니다. 그런데 예수님이 오셔서 지성소에 들어갈 수 있도록 휘장을 열어 주셨습니다. 우리는 내면의 성소 안에 있는 지성소에 들어갈 수 있게 되었습니다. 지성소에 들어가 하나님을 만날 수 있습니다. 나아가 깊은 내면의 성소에서 허락해 주시는 놀라운 은혜를 받아 누릴 수 있습니다.

_____

_____

_____

_____

_____

_____

_____

_____

_____

_____

_____

_____

08

우리 내면에는 성스러운 곳이 있습니다. 그 성스러운 곳은 깊은 곳입니다. 그 깊은 곳은 고요합니다. 흔들림이 없습니다. 안전합니다. 우리 내면의 중심부를 인식하는 사람은 그렇지 못한 사람이 경험할 수 없는 은혜와 능력을 경험하게 됩니다. 내면의 중심부에 있는 성소에 들어가 하나님을 만나는 사람은 외부 환경을 초월하는 힘을 얻게 됩니다.

_____

_____

_____

_____

_____

_____

_____

_____

_____

_____

_____

_____

09

"하나님은 우리의 피난처시요 힘이시니 환난 중에 만날 큰 도움이시라"(시편 46:1). 하나님은 우리의 피난처가 되십니다. 피난처는 안전합니다. 피난처로 들어가는 순간 두려움과 불안은 사라집니다. 염려도 사라집니다. 평강이 임하고 놀라운 안식 속으로 들어가게 됩니다. 하나님을 피난처 삼은 사람은 고요한 평화를 누리게 됩니다.

_____

_____

_____

_____

_____

_____

_____

_____

_____

_____

_____

_____

10

하나님은 우리에게 말하는 것을 쉬고 침묵하라고 부탁하십니다. 우리는 늘 말을 합니다. 혀로 말하지 않으면, 마음에서 끝없이 말을 합니다. 그래서 침묵 기도는 보통 기도보다 어렵습니다. 침묵하는 훈련이 잘 되어 있지 않기 때문입니다. 하지만 깊은 기도를 경험한 분들은 기도의 첫 출발을 '침묵'으로 봅니다.

깊은 기도는
성삼위 하나님의 친교 속으로 들어가는 영광입니다.
하나님은 우리를 구원하실 뿐만 아니라
성삼위 하나님의 친교 속으로 초청하십니다.

실로 기도는 엄청난 일입니다.
하나님은 죄인들을 구원하셔서 칭의의 은혜를 베풀어 주십니다.
또한 우리를 하나님의 친교 속으로 초청하셔서
친밀한 사랑의 교제를 나누길 원하십니다.

_『깊은 기도의 영성』(강준민 저) 중에서

_____

_____

_____

_____

_____

_____

_____

_____

_____

_____

_____

_____

_____

11

침묵은 하나님 앞에서 홀로 머무는 것입니다. 또한 하나님 앞에서 잠잠히 거하는 것입니다. 하나님은 우리가 잠잠히 기다릴 때 놀라운 은혜를 베푸십니다. "사람이 여호와의 구원을 바라고 잠잠히 기다림이 좋도다"(예레미야애가 3:26). 침묵 기도는 하나님 앞에서 잠잠히 기다리는 것입니다. 우리는 잠잠히 하나님을 바라보는 가운데 그분과 친밀한 대화를 나눌 수 있습니다.

_____

_____

_____

_____

_____

_____

_____

_____

_____

_____

_____

_____

12

우리가 탈진하는 이유는 말을 너무 많이 하기 때문입니다. 다시 주워 담을 수 없는 말 때문에 치러야 할 엄청난 대가 때문에 우리의 힘은 소진됩니다. 하지만 우리가 침묵하게 되면 내면의 불꽃을 가꾸게 되고, 불꽃을 점점 더 잘 키울 수 있게 됩니다. 침묵 기도를 통해 하나님의 사랑을 깊이 체험하실 수 있길 소망합니다.

13

묵상 기도란 말씀을 묵상하며 드리는 기도입니다. 묵상은 하나님이 우리에게 주신 거룩한 선물입니다. 묵상은 최상의 즐거움을 누리는 은총의 도구입니다. 하나님은 우리가 묵상의 즐거움을 누리길 원하십니다. 묵상의 맛을 본 사람들은 묵상을 계속하게 됩니다. 문제는 생각보다 이 묵상의 맛을 아는 분이 적다는 것입니다.

14

"오직 여호와의 율법을 즐거워하여 그의 율법을 주야로 묵상하는도다"(시편 1:2). 하나님은 우리가 즐거워하길 원하십니다. 하나님은 기쁨을 창조하신 분입니다. 하나님은 기쁨과 즐거움의 원천이십니다. 중요한 것은 무엇을 즐거워하느냐에 있습니다. 하나님은 우리가 말씀을 즐거워하고, 그 말씀을 묵상함으로 즐거움을 누리길 원하십니다.

15

쾌락(快樂)은 '쾌할 쾌(快)'와 '즐거울 낙(樂)'의 합성어입니다. 우리는 쾌락이란 단어를 부정적으로만 생각하는 경향이 있습니다. 하지만 쾌락은 하나님의 선물입니다. 물론 우리가 경계해야 하는 즐거움도 있습니다. 마귀가 제공해 주는 죄의 쾌락과 같은 즐거움은 반드시 경계해야 합니다.

_____

_____

_____

_____

_____

_____

_____

_____

_____

_____

_____

_____

16

"주의 말씀의 맛이 내게 어찌 그리 단지요 내 입에 꿀보다 더 다니이다"(시편 119:103). 말씀의 맛은 '순종'을 통해 경험됩니다. 순종을 통해 경험하는 즐거움이 말씀의 맛입니다. 말씀 묵상은 하나님의 음성을 듣는 것이며, 들음은 곧 순종을 의미합니다. 말씀을 묵상하고 그 말씀을 순종할 때 변화가 일어납니다. 묵상한 말씀을 삶속에 적용할 때 변화가 일어납니다.

_____

_____

_____

_____

_____

_____

_____

_____

_____

_____

_____

17

"여호와의 율법은 완전하여 영혼을 소성시키며 여호와의 증거는 확실하여 우둔한 자를 지혜롭게 하며"(시편 19:7). 세상의 지혜는 얄팍합니다. 그래서 '꾀'라고 말합니다. 하지만 하나님의 말씀 속에 담긴 지혜는 깊습니다. 말씀을 묵상할 때 지혜의 영이신 성령님이 함께 하심으로 우리에게 지혜를 줍니다.

18

"너희는 여호와의 선하심을 맛보아 알지어다 그에게 피하는 자는 복이 있도다"(시편 34:8).
말씀을 맛본다는 것은 말씀 속에서 만나는 하나님의 선하심을 맛본다는 것을 의미합니다. 말씀은 성령의 감동으로 쓰였습니다. 그런 까닭에 말씀은 단순한 글이 아닙니다. 살아 역사하시는 인격입니다. 말씀을 묵상한다는 것은 말씀을 통해 하나님을 만나는 것입니다.

19

"여호와의 율법은 완전하여 영혼을 소성시키며 여호와의 증거는 확실하여 우둔한 자를 지혜롭게 하며"(시편 19:7). 세상의 지혜는 얄팍합니다. 그래서 '꾀'라고 말합니다. 하지만 하나님의 말씀 속에 담긴 지혜는 깊습니다. 말씀을 묵상할 때 지혜의 영이신 성령님이 함께 하심으로 우리에게 지혜를 줍니다.

20

"너희는 여호와의 선하심을 맛보아 알지어다 그에게 피하는 자는 복이 있도다"(시편 34:8).
말씀을 맛본다는 것은 말씀 속에서 만나는 하나님의 선하심을 맛본다는 것을 의
미합니다. 말씀은 성령의 감동으로 쓰였습니다. 그런 까닭에 말씀은 단순한 글이
아닙니다. 살아 역사하시는 인격입니다. 말씀을 묵상한다는 것은 말씀을 통해 하
나님을 만나는 것입니다.

하나님이 초청하시는 깊은 기도의 세계는
우리를 행복하게 만들어 주시기 위한 초청입니다.
하나님은 우리가 행복할 때 가장 행복해 하십니다.

예수님은 풍성한 생명을 주시기 위해 오셨습니다.
우리가 풍성하고 충만한 삶을 살도록 돕기 위해 오셨습니다.
깊은 기도의 세계는 우리 삶을 더욱 풍성하게 만들어 주는
기도의 세계입니다.

깊은 기도의 세계는 우리의 삶을 더욱 풍성하게 만들어줍니다.
하나님과의 관계와 다른 사람들과의 관계와 자연과의 관계를
더욱 아름답게 만들어 줍니다.

『깊은 기도의 영성』(강준민 저) 중에서

21

"내 마음이 내 속에서 뜨거워서 작은 소리로 읊조릴 때에 불이 붙으니 나의 혀로 말하기를"(시편 39:3). 말씀을 깊이 묵상하게 되면 우리 마음속에 불이 뜨거워지는 경험을 하게 됩니다. 이 불은 사랑의 불입니다. 즐거움의 불입니다. 말씀을 전하는 등불을 밝히는 불입니다.

_____

_____

_____

_____

_____

_____

_____

_____

_____

_____

_____

_____

22

"주의 법이 나의 즐거움이 되지 아니하였더면 내가 내 고난 중에 멸망하였으리이다"(시편 119:92). 말씀 묵상을 통해 경험하는 즐거움은 우리에게 큰 능력을 제공해 줍니다. 거대한 에너지를 공급해 줍니다. 우리는 즐거움이 있을 때 고난을 견딜 수 있습니다. 즐거움이 고난을 이겨냅니다. 예수님께서도 앞에 있는 즐거움을 바라보며 십자가를 참으셨습니다.

23

말씀 묵상이 깊어지면 말씀에 대한 깨달음이 임합니다. "아하!"라는 감탄이 쏟아집니다. 그 순간에 다이돌핀(Didorphin)이라고 하는 호르몬이 나옵니다. 치유가 일어납니다. 깨달음은 거룩한 쾌락입니다. 이 맛을 볼수록 말씀을 깊이 묵상하게됩니다. 묵상 기도는 말씀과 더불어 기도하는 것입니다.

24

세상에서 가르쳐 주는 '명상'과 기독교의 '묵상'은 비슷하지만 다릅니다. 명상의 특징은 비움입니다. 욕망을 비우는 것입니다. 무(無)를 경험하는 것입니다. 성경적 묵상에도 비움이 있습니다. 회개를 통한 죄의 비움입니다. 하지만 거기에 머물지 않습니다. 성경적 묵상은 채움이 있습니다. 받음이 있습니다. 묵상 기도는 말씀을 받은 후에 그 말씀과 함께 기도하는 것입니다.

25

말씀 속에 들어가게 되면 그 말씀이 우리 안에 자리를 잡게 됩니다. 그 순간이 바로 말씀이 '내면화'되는 순간입니다. 말씀이 내면화되면서 그 말씀이 우리 자신을 위한 말씀이 됩니다. 그 순간이 바로 말씀이 '개별화'되는 순간입니다. 내면화와 개별화의 과정을 통해 그 말씀은 결코 잊히지 않는, 우리 안에 영원히 살아있는 말씀이 됩니다.

_____

_____

_____

_____

_____

_____

_____

_____

_____

_____

_____

_____

26

말씀을 깨닫는 데 가장 중요한 것은 '사랑'입니다. 사랑은 배움의 원리요, 깨달음
의 원리입니다. 사랑하면 보게 되고, 이해하게 되며, 품게 됩니다. 사랑하는 것이
우리 존재의 한 부분이 되는 것입니다. 사랑은 우리의 전 존재가 함께 움직이는
일입니다. 어떻게 보면 엄청난 에너지가 필요한데, 그 에너지는 우리를 살리고
우리 가슴에 불을 붙여주는 거룩한 에너지입니다.

27

하나님의 말씀이 머리에서 마음으로 내려와야 합니다. 머리와 가슴이 먼 거리는 아니지만, 머리에 있는 말씀이 가슴으로 내려오는 것은 어려운 일이며 놀라운 일입니다. 말씀이 머리에서 마음으로 내려올 때 마음을 다하여 하나님을 사랑할 수 있습니다(신명기 6:5~6). 말씀이 마음으로 내려올 때 우리는 마음으로 하나님과 대화하게 됩니다. 마음으로 기도하게 됩니다.

_____

_____

_____

_____

_____

_____

_____

_____

_____

_____

_____

28

"너희는 귀를 기울이고 내게로 나아와 들으라 그리하면 너희의 영혼이 살리라 내가 너희를 위하여 영원한 언약을 맺으리니 곧 다윗에게 허락한 확실한 은혜이니라"(이사야 55:3).

경청 기도란 듣는 기도입니다. 귀를 기울이고 하나님께 나아가 듣는 것입니다. 우리는 귀를 기울여 듣는 '경청(傾聽)' 기도에서 경외함으로 듣는 '경청(敬聽)' 기도로 나아가야 합니다.

29

"이는 내 생각이 너희의 생각과 다르며 내 길은 너희의 길과 다름이니라 여호와의 말씀이니라 이는 하늘이 땅보다 높음 같이 내 길은 너희의 길보다 높으며 내 생각은 너희의 생각보다 높음이니라"(이사야 55:8~9). 하나님의 생각과 길은 우리의 생각과 길보다 높습니다. 차원이 다릅니다. 우리가 하나님의 음성을 들을 때 하나님은 우리를 가장 좋은 길로 인도해 주십니다.

30

하나님은 언제든지 말씀하십니다. 또한 어떤 상황에서든지 말씀하십니다. 우리의 귀가 열려 있다면, 우리는 하나님의 음성을 들을 수 있습니다. 가장 안전하게 하나님의 음성을 들을 수 있는 길은 '성경'을 통해 듣는 것입니다. 하나님의 말씀을 통해 우리는 우리의 생각보다 탁월한 하나님의 생각을 알게 됩니다.

Do not be anxious about anything,

but in everything, by prayer and petition,

with thanksgiving, present your requests to God.

_Philippians 4:6

아무 것도 염려하지 말고

다만 모든 일에 기도와 간구로,

너희 구할 것을 감사함으로 하나님께 아뢰라

_빌립보서 4:6

31

말씀은 살아있는 '인격'이며, 하나님의 뜻을 이루는 '능력'입니다. 우리도 하나님의 말씀을 통해 하나님이 기뻐하시는 뜻을 이루게 됩니다. 하나님의 생각과 하나님의 길은 우리의 생각과 길보다 높습니다. 차원이 다릅니다. 우리가 하나님의 음성을 들을 때 하나님은 우리를 가장 좋은 길로 인도해 주십니다. 하나님의 음성을 듣는 이유는 하나님의 인도를 받기 위함입니다.

32

하나님은 모든 상황에서 다양한 방법으로 말씀하십니다. 하지만 우리가 경청 기도를 드릴 때 왜 우리가 말씀에 먼저 집중해야 하는지 그 이유를 알아야 합니다. 그것은 잡념 때문입니다. 들어서 도움이 안 되는 음성들 때문입니다. 잡념에 신경을 쓰면 하나님의 음성을 들을 수가 없습니다. 그 잡념을 잠재우는 길은 성경을 읽고, 그 성경 속으로 조용히 들어가는 것입니다.

✑ 기도 제목 Prayer title   DATE | 년   월   일

_____

_____

_____

_____

_____

_____

✉ 기도 응답 Prayer response   DATE | 년   월   일

_____

_____

_____

_____

33

우리가 성경을 펼 때, 우리 마음의 귀가 열리게 됩니다. 우리 마음의 눈이 열리게 됩니다. 우선 말씀을 열고 읽어야 합니다. 말씀 앞에 머물러야 합니다. 말씀을 읽고 묵상하는 중에 하나님의 음성을 듣고 기도해야 합니다. 말씀 묵상에는 깊은 연구와 숙고와 사색이 따릅니다. 또한 묵상한 말씀을 따라 기도해야 합니다.

_____

_____

_____

_____

_____

_____

_____

✉ 기도 응답 Prayer response   DATE | 년   월   일

_____

_____

_____

_____

_____

34

경청 기도를 할 때 가장 중요한 것은 우리의 마음 자세입니다. 그것은 '순종'입니다. 우리는 순종을 두려워합니다. 순종에 대한 부정적인 이미지를 가지고 있기 때문입니다. 그래서 하나님의 음성을 듣는 것을 주저합니다. 하지만 하나님은 우리가 원하지 않은 것을 억지로 시키는 분이 아닙니다. 하나님의 음성을 듣는 것을 두려워하지 마십시오. 무서워하지 마십시오.

35

우리가 하나님의 음성을 들을 때 가져야 할 자세는 '하나님에 대한 전적인 신뢰'입니다. '하나님의 사랑에 대한 신뢰'입니다. '하나님의 지혜에 대한 신뢰'입니다. 하나님의 음성을 듣는다는 것은 사랑하는 연인과 나누는 조용한 속삭임과 같습니다. 우리가 하나님의 사랑을 알고 그분을 사랑하게 되면, 순종하는 것은 기쁨이 됩니다. 사랑하면 순종합니다.

_____

_____

_____

_____

_____

_____

_____

_____

✉ 기도 응답 Prayer response　　　DATE |　　년　　월　　일

_____

_____

_____

_____

_____

36

"말씀하옵소서 주의 종이 듣겠나이다 하니"(사무엘상 3:10b). 경청은 청종입니다. 청종은 순종입니다. 순종의 뿌리는 사랑입니다. 사랑의 뿌리는 신뢰입니다. 청종하는 것이 지혜입니다. 경청 기도를 통해 하나님의 음성을 듣는 법을 배우십시오. 말을 잘하는 것보다 잘 듣는 것이 필요합니다.

37

우리는 하나님의 음성에 익숙하지 않습니다. 하나님의 음성을 들은 경험이 없기 때문입니다. 하지만 하나님의 음성을 듣는 일에 관심을 갖게 되면 하나님의 음성을 듣게 됩니다. 단, 어떤 음성을 들었을 때 그 음성이 하나님 말씀의 원리와 가치관에 합당한지를 살펴보아야 합니다. 하나님의 음성은 하나님 말씀의 원리와 일치하기 때문입니다.

_____

_____

_____

_____

_____

_____

_____

_____

_____

_____

_____

38

예수님은 하나님을 향한 사랑 때문에 십자가를 지셨습니다. 하나님을 바라보는 중에, 침묵 중에 사명을 완수하셨습니다. 예수님은 인간이 경험할 수 있는 고난 과 고초와 고통을 다 겪으셨습니다. 하나님의 사랑을 받는 자들이 겪는 고통은 신비입니다. 하나님은 그 고통을 낭비하지 않으십니다. 하나님은 고통을 통해 우 리를 영적으로 성숙하게 하십니다.

39

하나님의 음성 듣는 것을 두려워하지 마십시오. 하나님의 음성을 통해 하나님의 인도 받는 것을 두려워하지 마십시오. 하나님은 우리가 할 수 없는 것을 요구하는 분이 아닙니다. 우리가 할 수 없는 것을 시켜놓고 즐기는 분이 아닙니다. 하나님은 우리가 가지고 있는 것, 할 수 있는 것을 통해 우리를 인도하십니다.

40

하나님은 우리에게 말씀하십니다. 하나님은 말씀을 통해 우리를 최상의 길로 인도해 주십니다. 우리가 할 일은 귀를 기울이고 듣는 일입니다. 하나님의 음성을 들을 때 우리의 영혼은 좋은 것을 먹게 됩니다. 하나님의 음성을 들을 때 우리의 영혼은 놀라운 즐거움을 누리게 됩니다. 하나님의 음성을 들을 때 우리의 영혼은 소생하는 경험을 하게 됩니다.

하나님은
우리의 솔직한 고백을 듣는 것을 기뻐하십니다.
세리의 기도처럼 우리가 죄인이라는 사실을 고백할 때
오히려 기뻐하십니다.
그때 예수님의 십자가의 보혈이 능력을 발하기 때문입니다.
성령님이 우리의 상한 감정을 치유해 주실 수 있기 때문입니다.

하나님의 임재 앞에서 조용히 침묵 중에
"예수님, 나는 죄인입니다!"라고 기도해 보십시오.
자신을 감추고 은폐하고 포장하는 기도와는 비교할 수 없는
평강을 누리게 될 것입니다.

_『깊은 기도의 영성』(강준민 저) 중에서

_____

_____

_____

_____

_____

_____

_____

_____

_____

_____

_____

_____

41

"쉬지 말고 기도하라"(데살로니가전서 5:17). 우리가 육신의 몸을 입고 살아가는 동안 쉬지 않는 것이 있습니다. 그것은 호흡입니다. 쉬지 않고 뛰는 것이 있습니다. 그것은 심장입니다. 하나님은 우리가 쉬지 않고 호흡하는 것처럼 항상 기도하길 원하십니다. '무시로' 성령 안에서 기도하길 원하십니다.

42

바리새인의 기도는 교만한 기도입니다. 자신의 의를 드러내는 기도입니다. 세리를 비난하는 기도입니다. 자신의 의를 과시하기 위해 다른 사람을 비방하는 기도입니다. 반면에 세리의 기도는 겸손합니다. 멀리 서서 하늘을 쳐다보지도 못합니다. 가슴을 치며 회개합니다. 자신이 죄인이라고 고백합니다. 하나님께 불쌍히 여겨달라고 기도합니다.

43

기도할 때 가장 중요한 것은 예수님의 임재 앞에서 기도를 드리는 것입니다. 나아가 우리 안에 거하시는 예수님을 인식하는 것입니다. 성령님을 인식하는 것입니다. 예수님의 이름을 부르는 것이 중요한 까닭은 예수님은 하나님의 아들이시기 때문입니다. 하나님 아버지는 하나님 아들의 이름이 들리면 귀를 기울이십니다. 그리고 언제든지 도와주십니다.

_____

_____

_____

_____

_____

_____

_____

_____

_____

_____

_____

_____

44

하나님은 우리의 솔직한 고백을 기뻐하십니다. 하나님의 임재 앞에서 조용히 침묵 중에 "예수님, 나는 죄인입니다"라고 기도해 보십시오. 자신을 감추고 은폐하며 포장하는 기도와는 비교할 수 없는 평강을 누리게 될 것입니다. 그때 예수님의 십자가 보혈이 능력을 발하기 때문입니다.

45

우리는 정기적으로 몸과 마음의 긴장을 풀어 주어야 합니다. 불안하거나 두려움이 찾아올 때 긴장을 풀고 조용히 호흡 기도를 드리면 평강을 경험하게 됩니다. 염려가 찾아올 때 호흡 기도를 드리면 평강을 누리게 됩니다. 호흡 기도를 드릴 때 우리의 초점이 예수님을 향하게 되기 때문입니다.

46

"이 말씀을 하시고 그들을 향하사 숨을 내쉬며 이르시되 성령을 받으라"(요한복음 20:22).
성령 충만을 받은 후에 그들의 기도는 깊어졌습니다. 그 이유는 성령님이 그들
안에서 기도의 영으로 함께해 주신 까닭입니다. 우리가 호흡 기도, 즉 예수 기도
를 통해 무시로 기도할 수 있는 것은 성령이 우리 안에서 무시로 기도하시는 까
닭입니다.

47

예수님의 임재를 의식하며 기도하십시오. 성령의 음성에 귀를 기울이며 기도하십시오. 마음의 고요함을 가꾸면서 기도하십시오. 침묵 중에 기도하십시오. 그러면 기도 생활에 점점 변화를 경험하게 될 것입니다. 마음에 일어나는 따뜻한 하나님의 불꽃을 경험하게 될 것입니다. 이전보다 마음을 잘 다스리고, 분노를 잘 다스릴 수 있을 것입니다.

48

감성 기도는 감정을 돌보는 기도입니다. 하나님은 우리의 감정을 소중히 여기십니다. 하나님이 인간을 창조하실 때 감정도 함께 창조하셨습니다. 인간의 감정을 창조하신 하나님도 당연히 감정을 가지고 계십니다. 또한 감정을 표현하십니다. 우리가 때로는 부정적이라고 생각하는 감정을 하나님도 가지고 계십니다.

49

감성 기도란 어떤 사건으로 인해 생기는 우리의 감정을 하나님께 고백하며 드리는 기도입니다. 감정이 어떤 사건이나 사람으로부터 상처를 받게 되면 상한 감정이 됩니다. 상한 감정은 치유되어야 합니다. 마치 몸의 상처를 치유하지 않으면 고름이 생기고 썩는 것처럼, 상한 감정도 치유하지 않으면 마음이 병들게 됩니다.

50

감정이 소중한 까닭은 우리가 감정에 귀를 기울임으로 하나님을 만날 수 있기 때문입니다. 우리의 감정이 어떤 상태에 이르게 되면 우리는 하나님을 찾아가게 됩니다. 바로 그 감정은 역설적으로 복된 감정입니다. 우리가 감정에 귀를 기울이면서 하나님 앞에 나아갈 때 우리 안에 있는 내면의 깊은 욕구를 알게 됩니다.

왜 많은 사람들이 상담을 받는 것일까요?
자신의 아픔을 쏟아내기 위해서입니다.
억눌리고 억압해 온 자신의 아픈 감정,
상한 감정을 쏟아내기 위해서입니다.
그 과정에서 놀라운 치유를 경험하게 됩니다.

그리스도인들은 상담자를 만날 수도 있지만
하나님께 나아가서 모든 아픔을 직접 고백할 수 있습니다.
그것이 '기도'입니다.
기도란 우리의 모든 아픔을 드러내는 것입니다.
하나님은 들으십니다.
하나님은 우리의 고통에 공감해 주십니다.

_『깊은 기도의 영성』(강준민 저) 중에서

_____

_____

_____

_____

_____

_____

_____

_____

_____

_____

_____

_____

51

우리는 고백이 주는 힘을 알아야 합니다. 자신의 감정을 솔직하게 드러내는 것이 치유에 얼마나 도움이 되는지를 알아야 합니다. 그리스도인들은 상담자를 만날 수도 있지만, 하나님께 나아가서 모든 아픔을 직접 고백할 수도 있습니다. 그것이 '기도'입니다. 기도란 우리의 모든 아픔을 드러내는 것입니다. 하나님은 들으십니다. 하나님은 우리의 고통에 공감해 주십니다.

52

상한 감정을 치유하는 약은 눈물입니다. 슬플 때는 울어야 합니다. 우는 것을 부끄러워해서는 안 됩니다. 눈물처럼 좋은 약은 없습니다. 눈물은 우리 상한 감정을 치유하고, 영혼을 치유합니다. 상한 감정이 치유되는 순간, 상한 감정 속에 스며들었던 독기가 빠져나가게 됩니다. 그러면 더 이상 그 상처가 우리에게 영향을 끼치지 못합니다. 관계에 변화가 일어납니다.

_____

_____

_____

_____

_____

_____

_____

_____

_____

_____

_____

_____

53

감정은 아주 중요한 선물입니다. 사람들은 감정을 따라 생각하고 움직이며 선택합니다. 감정을 움직일 줄 아는 사람이 사람을 얻습니다. 위대한 과업도 성취할 수 있습니다. 이성은 생각하게 만들지만, 감정은 우리를 행동하게 만듭니다. 감정 지능이 발달하게 되면 감정을 인식하고 다스릴 수 있기 때문에 놀라운 성취를 이룰 수 있습니다.

기도 응답 Prayer response   DATE | 년   월   일

54

정기적으로 감성 기도를 드리십시오. 사람 앞에 모든 것을 털어놓는 것은 때로 위험합니다. 하지만 하나님 앞에 모든 것을 고백하는 것은 안전합니다. 사람 앞에서 우는 것은 때로 초라해 보일 수 있습니다. 하지만 하나님 앞에서 통곡하는 것은 안전합니다. 그때 하나님의 치유와 회복을 경험하게 될 것입니다.

55

"아버지께서 나를 사랑하신 것 같이 나도 너희를 사랑하였으니 나의 사랑 안에 거하라"
(요한복음 15:9). 기도한다는 것은 하나님과 사랑에 빠지는 것입니다. 예수님은 우리
를 그분의 사랑 안에 거하라고 초청합니다. 예수님의 사랑 안에 거하는 것은 예
수님과 연합하는 것입니다. 예수님과 하나 됨을 의미합니다.

56

"믿는 자에게는 능히 하지 못할 일이 없느니라"(마가복음 9:23b). 예수님과 연합할 때 무한한 가능성 속으로 들어가게 됩니다. 예수님과 연합할 때 예수님의 가능성이 우리의 가능성이 됩니다. 예수님을 믿는 사람에게 주시는 가능성은 능치 못할 일이 없는 가능성입니다.

57

"내가 온 것은 양으로 생명을 얻게 하고 더 풍성히 얻게 하려는 것이라"(요한복음 10:10b).
예수님과 연합할 때 풍성한 삶 속으로 들어가게 됩니다. 예수님 안에는 모든 풍
성한 것이 담겨있습니다. 예수님과 연합되는 순간, 예수님의 풍성함과 예수님의
부요함이 우리의 것이 됩니다. 나아가 풍성한 것을 계속해서 공급받게 됩니다.

_____

_____

_____

_____

_____

_____

_____

_____

_____

_____

_____

_____

58

"내가 아버지의 계명을 지켜 그의 사랑 안에 거하는 것 같이 너희도 내 계명을 지키면 내 사랑 안에 거하리라 내가 이것을 너희에게 이름은 내 기쁨이 너희 안에 있어 너희 기쁨을 충만하게 하려 함이라"(요한복음 15:10~11). 연합한다는 것은 친밀한 사랑을 의미합니다. 친밀한 사랑을 통해 누리는 것은 기쁨입니다. 예수님은 관계 속에 기쁨을 담아두셨습니다.

59

"우리가 보고 들은 바를 너희에게도 전함은 너희로 우리와 사귐이 있게 하려 함이니 우리의 사귐은 아버지와 그의 아들 예수 그리스도와 더불어 누림이라"(요한일서 1:3). 사도 요한은 성삼위 하나님의 사귐을 알고 있습니다. 그 친밀한 사귐 속으로 우리가 초청을 받은 것입니다. 사랑 기도란 성삼위 하나님의 사귐 속으로 들어가는 것입니다.

60

"여호와의 친밀하심이 그를 경외하는 자들에게 있음이여 그의 언약을 그들에게 보이시리로다"(시편 25:14). 우리는 익숙한 것을 친밀한 것으로 착각합니다. 익숙해진다는 것은 때로 아주 위험합니다. 익숙해진 후에는 함부로 대할 수 있기 때문입니다. 하나님이 원하시는 것은 익숙함이 아니라 친밀함입니다. 하나님과의 친밀함의 근원에는 하나님을 경외하는 데 있습니다.

두려워하지 말라 내가 너와 함께 함이라
놀라지 말라 나는 네 하나님이 됨이라
내가 너를 굳세게 하리라 참으로 너를 도와 주리라
참으로 나의 의로운 오른손으로 너를 붙들리라

_이사야 41:10

So do not fear, for I am with you;

do not be dismayed, for I am your God.

I will strengthen you and help you;

I will uphold you with my righteous right hand.

_Isaiah 41:10

61

하나님을 경외한다는 것은 하나님이 어떤 분인가를 아는 것입니다. 하나님을 존중하는 것입니다. 하나님을 존귀히 여기는 것입니다. 가까이하지만 무례하게 대하지 않는 것입니다. 그런 까닭에 친밀한 사귐은 최상의 사랑의 예술입니다. 친밀한 사랑에 들어가는 것은 우리의 신앙생활의 여정입니다.

62

"영생은 곧 유일하신 참 하나님과 그가 보내신 자 예수 그리스도를 아는 것이니이다"(요한복음 17:3). 예수님을 믿고 예수님을 영접함으로 우리의 신앙은 시작됩니다. 예수님을 믿는 것은 아주 중요합니다. 믿음을 통해 진리를 알게 되기 때문입니다. 알기 때문에 믿을 수 있고, 믿기 때문에 깨달음에 이르게 됩니다. 그런 까닭에 믿음과 깨달음은 동행합니다.

63

"예수를 너희가 보지 못하였으나 사랑하는도다"(베드로전서 1:8a). 예수님을 아는 것과 예수님을 사랑하는 것은 동행합니다. 예수님을 믿을 때 예수님을 알게 됩니다. 예수님을 알 때 예수님을 사랑하게 됩니다. 우리는 보지 못한 분을 사랑할 수 있지만, 알지 못한 분을 사랑할 수는 없습니다. 사랑하기 위해서는 어느 정도의 지식이 필요합니다.

_____

_____

_____

_____

_____

_____

_____

_____

_____

_____

_____

_____

64

예수님의 사랑이 깊어지면 예수님을 기뻐하게 됩니다. 즐거워하게 됩니다. 사랑은 우리가 말할 수 없는 영광스러운 즐거움을 공급해 줍니다. 참된 사랑은 즐거움을 더해 줍니다. 기독교의 표지는 기쁨입니다. 신비로운 기쁨을 경험하며 사는 것이 그리스도인들입니다. 환경을 초월하는 기쁨입니다. 하나님을 알고, 그를 사랑하는 기쁨입니다.

65

"이같이 너희 빛이 사람 앞에 비치게 하여 그들로 너희 착한 행실을 보고 하늘에 계신 너희 아버지께 영광을 돌리게 하라"(마태복음 5:16). 예수님을 영화롭게 하는 것 중의 하나는 우리의 모습 속에 그분의 영광스러운 모습이 드러나게 하는 것입니다. 우리의 성품과 선한 행실 속에 예수님의 아름다움이 드러나게 하는 것입니다.

_____

_____

_____

_____

_____

_____

_____

_____

_____

_____

_____

_____

66

"너희를 친구라 하였노니 내가 내 아버지께 들은 것을 다 너희에게 알게 하였음이라"(요한복음 15:15b). 친구는 비밀을 알고, 비밀을 간직해 줍니다. 예수님이 우리를 친구로 삼으신 이유는 우리에게 하나님 아버지께서 말씀하신 것을 알려주시기 위함입니다. 곧 비밀을 알려주시기 위함입니다.

67

"백성들아 시시로 그를 의지하고 그의 앞에 마음을 토하라 하나님은 우리의 피난처시로다 [셀라]"(시편 62:8). 사랑 기도란 친구 되시는 예수님께 마음을 토해내는 기도입니다. 친구 되신 예수님께 심정을 토하고 나면 영혼이 잠잠해집니다. 친구 되신 예수님께 심정을 토하고 나면 영혼이 고요해집니다. 친구 되신 예수님께 심정을 토하고 나면 영혼이 견고해집니다.

68

사랑 기도는 친밀한 사귐의 기도입니다. 예수님을 친구로 삼아 모든 것을 털어놓고 대화를 나누는 기도입니다. 서로를 환대하고, 서로 함께하며, 서로의 모든 비밀을 나누는 기도입니다. 예수님은 우리의 모든 것을 아시지만 결코 정죄하지 않으십니다. 조롱하지 않으십니다. 비웃지 않으십니다. 예수님은 우리를 있는 모습 그대로 사랑하십니다.

69

친밀한 기도의 절정은 무엇보다 예수님을 사랑하는 것입니다. 사모하는 것입니다. 갈망하는 것입니다. 즐거워하는 것입니다. 우리가 예수님과 친밀한 사귐의 기도를 드릴 때 더욱 풍성한 열매를 맺게 됩니다. 더욱 풍성한 삶을 살게 됩니다. 더욱 능력 있는 삶을 살게 됩니다. 더욱 기뻐하는 삶을 살게 됩니다. 어떤 어려움도 극복할 수 있는 힘을 얻게 됩니다.

70

"너희는 너희가 하나님의 성전인 것과 하나님의 성령이 너희 안에 계시는 것을 알지 못하느냐"(고린도전서 3:16). 마음 기도는 깊은 내면으로 들어가는 기도입니다. 마음의 중심부로 들어가는 기도입니다. 마음을 향한 기도, 마음속에 있는 깊은 중심을 향한 기도입니다. 마음 중심에는 예수님이 계십니다. 예수님은 모든 것의 중심이 되십니다.

우리는 익숙한 것을 친밀한 것으로 착각합니다.

익숙해진다는 것은 때로 아주 위험합니다.

익숙해진 후에는 함부로 대할 수 있기 때문입니다.

사람들은 익숙해지면 상대방에 대한 존중심 없이 대합니다.

말도 함부로 합니다.

우리는 잘 모르는 사람이나

처음 만나는 사람에게는 아주 예의 바르게 행동하지만

익숙한 사람에게는 무례하게 행동하는 경향이 있습니다.

하나님이 원하시는 것은 익숙함이 아니라 '친밀함'에 있습니다.

하나님과의 친밀함의 근원에는 하나님을 경외하는 데 있습니다.

하나님을 경외한다는 것은 하나님이 어떤 분인가를 아는 것입니다.

하나님을 존중하는 것입니다. 존귀히 여기는 것입니다.

가까이하지만 무례하게 대하지 않는 것입니다.

그런 까닭에 친밀한 사귐은 최상의 사랑의 예술입니다.

『깊은 기도의 영성』(강준민 저) 중에서

_____

_____

_____

_____

_____

_____

_____

_____

_____

_____

_____

_____

_____

71

마음 기도란 우리 중심에 계시는 그리스도를 향해 드리는 기도입니다. 예수님의 마음을 품고 드리는 기도입니다. 마음의 중심은 거룩한 빛이 임하는 곳입니다. 거룩한 불꽃이 타오르는 곳입니다. 하나님은 우리를 깊음의 세계로 이끌어주길 원하십니다. 우리는 거듭 중심부로 들어가야 합니다. 깊은 중심부로 들어가는 기도가 마음 기도입니다.

✉️ 기도 응답 Prayer response   DATE | 년   월   일

72

"누구든지 하나님의 성전을 더럽히면 하나님이 그 사람을 멸하시리라 하나님의 성전은 거룩하니 너희도 그러하니라"(고린도전서 3:17). 예수님을 믿을 때 우리는 하나님의 성전이 됩니다. 하나님의 성전에는 하나님의 성령이 거하십니다. 성령님은 우리 마음의 성소에 거하십니다. 하나님의 성전은 거룩합니다.

73

"그러므로 형제들아 우리가 예수의 피를 힘입어 성소에 들어갈 담력을 얻었나니"(히브리서 10:19). 예수님의 피가 우리를 거룩케 합니다. 성전 된 우리 내면의 성소에는 예수님의 피가 흐르고 있습니다. 그 피가 우리를 깨끗케 합니다. 그 피를 의지해서 우리는 내면의 지성소로 들어가게 됩니다.

_____

_____

_____

_____

_____

_____

_____

_____

_____

_____

_____

_____

74

"내가 그리스도와 함께 십자가에 못 박혔나니 그런즉 이제는 내가 사는 것이 아니요 오직 내 안에 그리스도께서 사시는 것이라 이제 내가 육체 가운데 사는 것은 나를 사랑하사 나를 위하여 자기 자신을 버리신 하나님의 아들을 믿는 믿음 안에서 사는 것이라"(갈라디아서 2:20). 우리는 믿음으로 예수님과 함께 십자가에 죽고 부활한 것을 믿습니다.

75

"그런즉 누구든지 그리스도 안에 있으면 새로운 피조물이라 이전 것은 지나갔으니 보라 새 것이 되었도다"(고린도후서 5:17). 우리가 예수님을 믿을 때 새 자아가 태어납니다. 이것이 바로 성경에서 말하는 '옛사람이 죽고 새사람이 태어난 것'을 의미합니다. 이때 우리 마음의 중심에 예수님을 모시게 됩니다. 그러면 우리는 진정한 기쁨과 안식과 평강을 누리게 됩니다.

76

회개란 방향을 바꾸는 것입니다. 이전에는 우상을 섬겼습니다. 세상 신을 섬겼습니다. 스스로가 신이 되어 이기적인 자아를 섬겼습니다. 하지만 회개를 통해 우리는 하나님께 돌아왔습니다. 우리가 예수님 안에서 참 자아를 만나게 되었습니다. 우리 내면의 성소에는 예수님이 거하시고, 예수님과 함께 우리의 참 자아가 거하고 있습니다.

_____

_____

_____

_____

_____

_____

_____

✉️ 기도 응답 Prayer response   DATE | 년   월   일

_____

_____

_____

_____

_____

77

"그 날에는 내가 아버지 안에, 너희가 내 안에, 내가 너희 안에 있는 것을 너희가 알리라" (요한복음 14:20). 예수님은 하나님 아버지 안에 거하십니다. 우리는 예수님 안에 거합니다. 더불어 예수님은 우리 안에 거하십니다. 또한 성령님이 우리 안에 거하십니다. 우리가 내면의 중심에 들어가야 하는 이유는 성삼위 하나님의 임재가 바로 내면의 중심에 함께 하기 때문입니다.

78

죄를 자백한다는 것은 마음을 여는 것입니다. 하나님께 자신을 드러내어 보이는 것입니다. 하나님 앞에서는 아무것도 감출 필요가 없습니다. 솔직하게 자신의 모든 것을 드러내어 보이십시오. 죄와 연약함과 고통을 모두 드러내십시오. 그때 주님께서는 주님의 피로 우리를 정결케 해주십니다.

79

회개란 하나님께로 돌아가는 것입니다. 우리의 거짓 자아가 죽고 참 자아가 태어나는 것입니다. 회개는 놀랍게도 악한 사람들이 하는 것이 아니라 선한 사람들이 잘 합니다. 회개가 필요한 사람은 악한 사람인데, 그들은 회개하지 아니함으로 더욱 사악해집니다. 선한 사람들은 죄를 회개함으로 더욱 선하게 됩니다.

<u>80</u>

하나님의 사람들이 추구해야 하는 삶은 하나님의 임재 앞에 사는 것입니다. 하나님의 임재 앞에 살 때 하나님이 늘 함께 하심을 경험하게 됩니다. 조용하고 침착하며 고요한 마음으로 사람들을 대하게 됩니다. 하나님의 임재가 우리 삶의 모든 것에 스며드는 것을 경험하게 됩니다. 우리의 영혼과 생각과 마음이 하나님의 사랑으로 물들여지게 됩니다.

두 손을 펴는 것은 두 손을 여는 것입니다.
두 손을 여는 것은 마음을 여는 것입니다.
하나님께 우리의 마음을 열어 드리는 것입니다.

기도란
우리의 마음을 열어
하나님이 우리 안에 들어오시게 하는 것입니다.
우리 마음의 중심에 모시는 것입니다.

예수님이 우리 마음의 중심에 자리를 잡을 때
우리는 안식하게 됩니다.
안식은 우리가 그토록 몸부림치는
하나님 노릇을 내려놓는 것입니다.
스스로가 하나님이 되어 무엇이든지
자기 마음대로 통제하려는 것을 그치는 것입니다.

우리 분노의 절정은
우리 마음대로 무엇이든지 되지 않을 때 폭발합니다.
우리가 기대하는 대로 사람들이 행동해 주지 않을 때
분노합니다.

두 손을 펴는 것은 분노를 내려놓고
하나님이 뜻대로 행하시도록 맡기는 것입니다.

_『깊은 기도의 영성』(강준민 저) 중에서

_____

_____

_____

_____

_____

_____

_____

_____

✉ 기도응답 Prayer response   DATE | 년   월   일

_____

_____

_____

_____

_____

_____

81

"너희 안에 이 마음을 품으라 곧 그리스도 예수의 마음이니"(빌립보서 2:5). 마음 기도는 예수님의 마음을 품는 기도입니다. 예수님의 마음속으로 들어가 안식하는 기도입니다. 예수님의 사랑 안에 거하는 기도입니다. 예수님의 마음은 온유하고 겸손합니다(마태복음 11:29). 온유하고 겸손한 마음에 안식이 있습니다.

82

기도의 깊이와 방법은 다양합니다. 중요한 것은 성삼위 하나님과의 깊은 친교입니다. 하나님과의 깊은 친교 중에 우리는 성령의 열매를 맺게 됩니다. 그리함으로 우리는 풍성한 삶을 살게 됩니다. 예수님은 오늘도 우리에게 "깊은 데로 가서 그물을 내리라"고 말씀합니다. 날마다 깊은 기도 속에서 하나님을 깊이 만나시길 빕니다.

_____

_____

_____

_____

_____

_____

_____

_____

✉ 기도 응답 Prayer response　　DATE |　　년　　월　　일

_____

_____

_____

_____

_____

83

"네 짐을 여호와께 맡기라 그가 너를 붙드시고 의인의 요동함을 영원히 허락하지 아니하시리로다"(시편 55:22). 하나님은 우리가 인생의 무거운 짐을 지고 살아가는 것을 아십니다. 안식 기도란 무거운 짐을 하나님께 내려놓는 것입니다. 무거운 짐을 하나님께 맡기고 편히 쉬는 것입니다. 피난처 되시는 하나님 안에서 안식하는 것입니다.

84

"수고하고 무거운 짐 진 자들아 다 내게로 오라 내가 너희를 쉬게 하리라"(마태복음 11:28).
예수님의 초청은 안식으로의 초청입니다. 예수님께 오기만 하면 예수님이 쉬게
해주시겠다고 말씀합니다. 누구든지 수고하고 무거운 짐을 지고 가는 사람이라
면 예수님께 나아가면 됩니다. 예수님은 피난처가 되십니다.

85

"내 죄악이 내 머리에 넘쳐서 무거운 짐 같으니 내가 감당할 수 없나이다"(시편 38:4). 가장 무거운 짐은 죄의 짐입니다. 예수님이 이 땅에 오신 것은 우리를 죄에서 구원하기 위해서입니다. 우리가 예수님께 나아갈 때 예수님은 우리의 죄 짐을 대신 맡아 주십니다. 우리 죄를 용서해 주십니다.

✍ 기도제목 Prayer title　　　DATE |　년　월　일

✉ 기도응답 Prayer response　　DATE |　년　월　일

86

"너희 염려를 다 주께 맡기라 이는 그가 너희를 돌보심이라"(베드로전서 5:7). 우리는 많은 일로 염려하지만, 염려는 아무 도움이 되지 않습니다. 베드로는 염려를 다 주께 맡기라고 권면합니다. 그 이유는 하나님이 우리를 돌보시기 때문입니다. 우리의 염려를 예수님께 맡기면 예수님이 돌보아 주십니다.

_____

_____

_____

_____

_____

_____

_____

_____

_____

_____

_____

87

"아무 것도 염려하지 말고 다만 모든 일에 기도와 간구로, 너희 구할 것을 감사함으로 하나님께 아뢰라 그리하면 모든 지각에 뛰어난 하나님의 평강이 그리스도 예수 안에서 너희 마음과 생각을 지키시리라"(빌립보서 4:6~7). 우리가 안식 기도를 드리면 '고요함, 평온함, 평강, 쉼'을 경험하게 됩니다.

88

"내 사랑하는 자들아 너희가 친히 원수를 갚지 말고 하나님의 진노하심에 맡기라 기록되었으되 원수 갚는 것이 내게 있으니 내가 갚으리라고 주께서 말씀하시니라"(로마서 12:19).

우리 마음에는 미움에 대한 짐이 있습니다. 원수에게 받은 상처 때문에 복수하고 싶은 무거운 짐이 있습니다. 그 짐을 내려놓읍시다. 우리의 시선을 원수에게 두면 불행합니다.

89

"또 무리에게 이르시되 아무든지 나를 따라오려거든 자기를 부인하고 날마다 제 십자가를 지고 나를 따를 것이니라"(누가복음 9:23). 우리는 날마다 우리의 짐을 주님께 맡기고 안식해야 합니다. 또한 주님이 맡겨주신 각자의 십자가를 지고 살아가야 합니다. 중요한 것은 '균형'입니다.

✎ 기도 제목 Prayer title   DATE | 년   월   일

✉ 기도 응답 Prayer response   DATE | 년   월   일

90

우리가 안식하지 못하는 이유는 무언가에 집착하기 때문입니다. 너무 긴장하면 안식하지 못합니다. 긴장을 푸는 법은 두 손을 펴는 것입니다. 열린 손으로 기도를 드리는 것입니다. 손을 편다는 것은 하나님을 향하여 마음을 여는 것입니다. 하나님께 꼭 쥔 것을 맡기는 것입니다. 손에 꼭 쥔 것을 놓는다는 것은 생각보다 쉽지 않습니다. 그래서 기도가 어려운 것입니다.

너희 염려를 다 주께 맡기라

이는 그가 너희를 돌보심이라

_베드로전서 5:7

Cast all your anxiety on him

because he cares for you.

_1 Peter 5:7

91

가장 경계해야 할 것은 탐욕과 집착입니다. 우리가 쉬지 못하는 이유는 모두 탐욕 때문입니다. 더 많이, 더 빨리, 그리고 더 높이에 대한 욕구가 우리의 인생을 황폐하게 만듭니다. 두 손을 펴고 모든 것을 내려놓을 때 우리의 빈손에 하나님은 가장 좋은 것으로 채워주십니다.

92

기도란 우리의 마음을 열어 하나님이 우리 안에 들어오시게 하는 것입니다. 우리 마음의 중심에 모시는 것입니다. 예수님이 우리 마음의 중심에 자리를 잡을 때 우리는 안식하게 됩니다. 안식은 우리가 그토록 몸부림치는 하나님 노릇을 내려 놓는 것입니다. 스스로가 하나님이 되어 무엇이든지 자기 마음대로 통제하려는 것을 그치는 것입니다.

_____

_____

_____

_____

_____

_____

_____

✉ 기도 응답 Prayer response　　　DATE |　　년　　월　　일

_____

_____

_____

_____

_____

93

주님께 죄를 드러내는 것을 두려워하지 마십시오. 주님은 죄는 미워하시지만, 죄인은 사랑하십니다. 우리가 주님께 죄를 드러낼 때 주님은 우리의 죄를 정결케 하십니다. 우리를 죄로부터 자유케 하십니다. 회개는 마음을 개방하는 것입니다. 마음을 열 때 하나님의 사죄의 은총이 임하게 됩니다.

94

우리의 상처는 과거의 실패와 실수와 관련되어 있습니다. 잘못된 선택이나 어리석은 결정과 관련되어 있습니다. 그토록 신뢰했던 사람에게 배신을 당한 경험이 바로 우리의 상처입니다. 우리가 상처를 드러내어 보일 때 우리의 상처는 주님의 상처가 됩니다. 주님은 우리의 상처를 치료해 주십니다. 우리의 상처를 아름답게 만들어 주십니다.

95

꽉 움켜쥔 주먹 속에는 우리의 과거가 담겨있습니다. 돌이킬 수 없는 과거가 담겨있습니다. 과거에 집착하면 미래를 향해 나아갈 수 없습니다. 우리가 두 손을 펼 때 우리는 미래를 향해 나아갈 수 있습니다.

✎ 기도 제목 Prayer title   DATE | 년   월   일

✉ 기도 응답 Prayer response   DATE | 년   월   일

96

두 손을 펼 때 우리의 손은 빈손이 됩니다. 하지만 하나님은 바로 그 빈손 위에 은혜를 부어주십니다. 우리가 동전과 같은 것을 손에 꽉 쥐고 있으면 정말 좋은 것을 주실 수가 없습니다. 하나님이 주시고 싶은 것은 동전과 비교할 수 없는 풍성한 축복입니다. 영원한 것입니다.

_____

_____

_____

_____

_____

_____

_____

_____

_____

_____

_____

_____

_____

97

"두려움과 떨림이 내게 이르고 공포가 나를 덮었도다"(시편 55:5). 안식하기 위해서는 두려움의 집에서 떠나야 합니다. 두려움의 집을 떠날 때 사랑의 집으로 들어가서 안식하게 됩니다. 그래서 우리는 떨림과 공포를 만들어내는 두려움의 문제를 정복해야 합니다.

_____

_____

_____

_____

_____

_____

_____

_____

_____

_____

_____

_____

98

"그가 우리를 흑암의 권세에서 건져내사 그의 사랑의 아들의 나라로 옮기셨으니"(골로새서 1:13). 한때 우리는 두려움의 집에서 살았던 사람들입니다. 흑암의 권세 아래 있을 때 우리는 두려움 속에 살았습니다. 예수님이 오셔서 우리를 흑암의 권세 아래서 건져내어 하나님의 사랑의 아들의 나라로 옮겨주셨습니다.

99

"너희는 다시 무서워하는 종의 영을 받지 아니하고 양자의 영을 받았으므로 우리가 아빠 아버지라고 부르짖느니라 성령이 친히 우리의 영과 더불어 우리가 하나님의 자녀인 것을 증언하시나니"(로마서 8:15~16). 우리는 예수님을 믿고 성령님을 통해 거듭남으로 더 이상 두려움의 종이 아니라 하나님의 자녀가 되었습니다.

100

"사랑 안에 두려움이 없고 온전한 사랑이 두려움을 내쫓나니 두려움에는 형벌이 있음이라 두려워하는 자는 사랑 안에서 온전히 이루지 못하였느니라"(요한일서 4:18). 안식 기도는 두려움에서 자유케 되어 사랑의 품에 안기는 것입니다. 예수님과 친밀한 사랑을 나누는 것입니다. 하나님의 사랑 안에서 안식하는 것입니다.

공동체를 위한 기도 제목

DATE | 년 월 일

하나님 나라를 위한 기도

우리 가정을 위한 기도

우리 교회를 위한 기도

우리 나라(통일)를 위한 기도

세계 열방(선교)를 위한 기도

하나님 나라를 위한 기도

_____

_____

_____

우리 가정을 위한 기도

_____

_____

_____

우리 교회를 위한 기도

_____

_____

_____

우리 나라(통일)를 위한 기도

_____

_____

_____

세계 열방(선교)를 위한 기도

_____

_____

_____

하나님 나라를 위한 기도

_____

_____

_____

우리 가정을 위한 기도

_____

_____

_____

우리 교회를 위한 기도

_____

_____

_____

우리 나라(통일)를 위한 기도

_____

_____

_____

세계 열방(선교)를 위한 기도

_____

_____

_____

DATE | 년 월 일

하나님 나라를 위한 기도

우리 가정을 위한 기도

우리 교회를 위한 기도

우리 나라(통일)를 위한 기도

세계 열방(선교)를 위한 기도

하나님 나라를 위한 기도

우리 가정을 위한 기도

우리 교회를 위한 기도

우리 나라(통일)를 위한 기도

세계 열방(선교)를 위한 기도

하나님 나라를 위한 기도

우리 가정을 위한 기도

우리 교회를 위한 기도

우리 나라(통일)를 위한 기도

세계 열방(선교)를 위한 기도

하나님 나라를 위한 기도

_____

_____

_____

우리 가정을 위한 기도

_____

_____

_____

우리 교회를 위한 기도

_____

_____

_____

우리 나라(통일)를 위한 기도

_____

_____

_____

세계 열방(선교)를 위한 기도

_____

_____

_____

08

DATE |　　　년　　　월　　　일

하나님 나라를 위한 기도

우리 가정을 위한 기도

우리 교회를 위한 기도

우리 나라(통일)를 위한 기도

세계 열방(선교)를 위한 기도

DATE | 년 월 일

하나님 나라를 위한 기도

우리 가정을 위한 기도

우리 교회를 위한 기도

우리 나라(통일)를 위한 기도

세계 열방(선교)를 위한 기도

DATE | 년 월 일

하나님 나라를 위한 기도

_____

_____

_____

우리 가정을 위한 기도

_____

_____

_____

우리 교회를 위한 기도

_____

_____

_____

우리 나라(통일)를 위한 기도

_____

_____

_____

세계 열방(선교)를 위한 기도

_____

_____

_____

Listen to my prayer, O God,

do not ignore my plea;

hear me and answer me.

_Psalms 55:1~2a

하나님이여 내 기도에 귀를 기울이시고
내가 간구할 때에 숨지 마소서
내게 굽히사 응답하소서

_시편 55:1~2a

이 책은 책값의 3%씩 적립되며, 일정 금액이 모이면 추후
은퇴하신 목회자님과 선교사님들을 섬기는 사역에 쓰일 예정입니다.

깊은 기도를 위한 기도 노트

지은이 강준민
펴낸이 조현영
펴낸곳 산

초판 1쇄 발행 2023년 1월 5일
초판 2쇄 발행 2023년 1월 10일

출판신고 2021년 7월 26일 제 453-2021-000006호
31961 충청남도 서산시 해미면 용암휴암길 305
Tel 010-4963-5595 Email san-book@naver.com

ISBN 979-11-975878-6-3 (03230)

www.facebook.com/san20210801